CATALOGUE

DES

LIVRES.

Imprimez chez J. F. BERNARD, Libraire
à Amſterdam, ou dont il a nombre.

CATALOGUE

DES

LIVRES

Imprimez chez J. L. Bernard, Libraire
à Amsterdam, on dont il a nombre.

CATALOGUE

DES

LIVRES.

Imprimez chez J. F. BERNARD, Libraire
à Amſterdam, ou dont il a nombre.

A.

AMours de Catulle & de Tibulle, par M. de
la Chapelle, 5 vol. 12. N. Edition ſous
preſſe augmentée de quelques piéces qui n'ont
point paru, avec des figures &c. 1740.

L'Amour Magot, les Tiſons, Lettres écrites de
l'Enfer aux habitans de la Terre &c. 8.

L'Alcoran des Cordeliers avec les figures deſſinées par B. Picart le Romain, 2 vol. 12.

Abregé de l'Hiſtoire d'Angleterre, par M. de
Rapin Thoyras, 10 vol. 12.

Amours de Pſyché & de Cupidon, par la Fontaine, 8. Paris.

——— de Theagene & de Chariclée, Trad. du
Grec. 12. Paris.

Abregé de la Nouvelle Methode Latine de Meſſ.
de Port-Royal, 8.

——— des Plantes Uſuelles, par CHomel, 3 vol.
fig. 12. Paris.

Avantures de Beauchêne Flibuſtier, par le Sage,
12. fig.

Alcoran de Mahomet, trad. de l'Arabe, 2 vol. 12.

　　　　Aſtrice

Astruc Traité des Maladies Veneriennes, 2. N.
　Edit. augmentée de truis Chapitres &c. obmis
　dans l'édition de Paris, 3 vol. 12. 1740.

B.

Le **B**Ombardier François, par Belidor, 4. fi-
　　gures.

Bibliotheca Aprosiana, cum Notis Wolfii, 8. *Hamb.*

Bibliothéque Françoise, ou l'Histoire Littéraire
　de la France compl. jusqu'à présent avec les
　Mémoires Historiques & Critiques en 4 vol. 8.
　qui ont précedé la Bibliothéque & ne se trou-
　vent que rarement.

C.

CEremonies & Coutumes Religieuses de tous
　　les Peuples du Monde, avec les figures
　dessinées par Bernard Picart le Romain, 7 vol.
　en petit Papier, Folio.

Le meme en grand Papier compl. dont il reste
　très peu d'Exemplaires.

——— des mêmes Volumes separés.

Les Césars de l'Empereur Julien, avec des Notes
　& des Figures de Picart, 4.

Conférence de la Fible & de l'Histoire, par M.
　de Lavaur, 12.

Cuperi Paratitla Historiæ Sacræ & Prophanæ secun-
　dùm Homerum, Ovidium &c. 8.

Les Caractéres de Theophraste & des Mœurs de
　ce Siécle, par la Bruyere, 3 vol. 8.

Contes & nouvelles de Vergier, avec les Poësies
　diverses du même Auteur, 2 vol. 8.

——— & nouvelles de Bocace, 2 vol. 8. fig.

Considérations sur les Causes de la Decadence &

de la grandeur des Romains, par l'Auteur des
Lettres Perfanes. 8.
Les Cent Nouvelles Nouvelles, avec les figures
de Romain de Hooge &c. 2 vol. 8. 1736.
Clark Traité de l'Exiſtence & des attributs de
Dieu de la Religion naturelle & de l'évidence
de la Religion Chrétienne, 3 vol. 8. trad. de
l'Anglois.

D.

Differtations melées ſur divers Sujets, ſavoir,
ſur l'Origine du Monde, ſur les Auteurs
qui ont traité de la Verité de la Religion Chrétienne, ſur le mépris dans lequel les Juifs ſont
tombés &c. ſur la nature du Martyre, ſur celle
de l'Immortalité de l'Ame, ſur le témoignage
de l'Hiſtoiren Joſeph touchant J. Chriſt. Diſ-
fertation Critique ſur les Ouvrages de Tille-
mont &c. 2 vol. 8. 1740.
Dictionnaire Neologique. 12.
———— de Richelet, 2 vol. 4. 1732.
———— Italien François, & François Italien
de Veneroni, 2 vol. 4.
Des Vertus Médicinales de l'Eau commune, trad.
de l'Anglois, 2 vol. 12. Paris.
Derham Théologie Aſtronomique ou Demon-
ſtration de l'Exiſtence de Dieu par l'Aſtro-
nomie, trad. de l'Anglois, 8. fig.
De l'Excellence de la Religion Chrétienne, par
Bernard. 2 vol. 8.
Ducatiana ou Remarques de Critique & de Litterature, par M. Le Duchat. 2 vol. 8. 1738.
Dialogues Philoſophiques & Critiques, par l'Abbé
de Charté-Livry. 12. 1734.

E.

ETat de l'Homme dans le Peché Originel. 12. cinquième édition augmentée. 1740.

Eloge de la Folie par Erasme, trad. du Latin. 8. avec des figures.

Eloquence Chretienne dans la Chaire & dans la Pratique, par le Pere Gisbert, avec des Remarques de M. Lenfant. 12.

Essais sur l'Entendement Humain, par Locke. 4.

Espion Turc dans les Cours de l'Europe &c. 6 vol. fig.

Entretiens Physiques du P. Regnault, ou la Physique nouvelle expliqués en Dialogues. 4 vol. 12 fig.

———— sur diverses Matiéres de Litterature. 2 vol. 8.

Explication Anatomique de la Structure du Corps Humain, par Winflow. 4 vol. 12. fig.

Erreurs Populaires, traduit de l'Anglois de Brown. 2 vol. 12.

Esprit de M. Arnaud & de toute la Société de Port-Royal &c. contenant beaucoup de Particularités curieuses &c. 2 vol. 12.

Exposition (nouvelle) de la Doctrine de la Trinité &c. 8.

F.

FAbles de la Fontaine, avec & fans figure. 8.

Friend Opera omnia Medica. 4. Paris.

G.

GRammaire Générale & Raisonnée. 12.

Gulliver (le nouveau) par l'Abbé Desfontaines. 12.

H.

Hiſtoire des anciens des Al...
Grecs, par Rollin. 3 vol. 12.

Hiſtoire des Yncas Roi du Perou, & de la Conquête de la Floride &c. par l'Ynca Garcilarſo de la Vega. 2 vol. 4. avec les figures deſſinées par B. Picart.

——— le même en grand Papier.

——— de l'Académie Françoiſe, par Peliſſon. 12.

——— la même par l'Abbé d'Olivet. 12.

——— du Manicheiſme & des Sectes Originaires, ou Contemporaines du Manicheiſme &c. par M. de Beauſobre. 4.

——— Critique des Pratiques Superſtitieuſes, par le Pere Le Brun. 4 vol. 8. fig.

——— le même Tome 4. ſeparé.

——— Critique des Journaux, par Camuſat. 2 vol. 12.

——— Critique du Vieux & du Nouveau Teſtament, par le P. Simon. 5 vol. 4. compl.

——— de la Ligue de Cambray faite en 1515. contre les Vénitiens, par l'Abbé du Bos. 2 vol. 12. Paris.

——— de France, par l'Abbé le Gondre. 3 vol. folio. Paris.

——— de Polybe, trad. du Grec avec les Commentaires de Dom Thuillier & du Chevalier de Folard. 6 vol. 4. avec fig.

——— le même, grand Papier 4.

——— du Concile de Trente, par Fra Paolo, trad. par Amelot de la Houſſaye. 4.

——— Eccléſiaſtique, par l'Abbé Fleury. 35 vol. 12.

——— de l'ancien Gouvernement de France, par le Comte de Boullainvilliers. 2 vol. 8.

Hiſtoi-

Hiſtoire des anciens Royaumes des Aſſyriens, Grecs &c. par Rollin. 13 vol. 12.

————— du Duc d'Epernon. 3 vol. 12. Paris 1730.

————— de la Mere & du Fils, ou l'Hiſtoire de Marie de Médicis & de Louis XIII. par Mezeray. 2 vol. 12.

————— de Gilblas, par M. le Sage. 4 vol. 12. Paris.

————— de l'Ile de S. Domingue, par le Pere Charlevoix. 4 vol. 12. fig. & le même. 4. 2 vol. fig. Paris.

————— de la Ducheſſe d'Hanovre, Epouſe de George premier Roi d'Angleterre. 8.

————— de Mad. de Barnevelt. 12.

————— de Charles XII. Roi de Suéde, par Voltaire. 2 vol. 8.

————— la même en 6 vol. 12. dreſſée ſur les Mémoires Originaux d'un Gentilhomme Suédois.

————— du Seizieme Siécle, trad. du Latin de Perizonius. 4 vol. 12.

l'Homme du Siécle, ou Réflexions ſur les Caractères & le genie des Gens de notre Siécle, ſur les Profeſſions & les Conditions différentes &c. 8.

Harduini Opera varia. fol. 1733.

J.

Journées amuſantes, par Mad. de Gomez. 8 vol. 12.

Introduction à la Géographie, par Sanſon. 12.

Junius de Pictura Veterum. fol. cum figur.

L.

Legende dorée des Freres Mendianes. 12.

Lettres Provinciales de Montalte (Paſcal) avec les notes de Wendrock, nouvelle Edition augmentée d'un quatrieme volume, & de beaucoup

coup de notes &c. dans tout le Corps de l'Ouvrage. 4 vol. 8. 1739.

———— le quatriéme volume separé. 8.

———— les mêmes sans notes en un seul volume 8. 1739.

———— de Boursault, 3 vol. 12. Paris.

———— de Pélisson, contenant l'Histoire de Louis XIV. ses Campagnes &c. 3 vol. 12.

———— de Henri IV, Roi de France, du Marquis de Puisieux & de le Fevre de la Boderie, &c. 8. 2 vol.

———— Philosophiques &c. de Voltaire, avec la Critique. 8.

———— Juives. 6 vol. 8.

———— de Ciceron à Atticus, de la traduction & avec les Remarques de l'Abbé Mongart, 6 vol. 12. 1740.

La Placette Traité de la Justification. 12.

Lock Christianisme Raisonnable. 2 vol. 8. fig.

Lucien traduit par d'Ablancourt. 2 vol. 8. fig.

Lamy Oeuvres de Mathématiques. 3 vol. 12. fig.

M

Mémoires du Cardinal de Retz, 4 vol. 8.

———— de Joly, servant de Supplement à ceux du Card. de Retz & contenant la Vie domestique & les Avantures de ce Cardinal dans ses Voyages, avec les Mémoires de Mad. la Duchesse de Nemours, & beaucoup de Remarques &c. 3 vol. 8. 1739.

———— du Comte de Brienne, contenant ce qui s'est passé en France depuis la Minorité de Louis XIII. &c. jusqu'à la fin de celle de Louis XIV. & la mort du Cardinal Mazarin. 3 vol. 8.

Mémoi-

Mémoires sur les principaux évenemens du Regne de Louis XIV. par le Marquis de la Fare. 8.

——— de Madame la Comtesse de la Fayette, contenant l'Histoire de la Cour de France pendant les années 1688 & 1689. 12.

——— Historiques de Mezeray. 2 vol. 8.

——— d'Aubigné Ayeul de Mad. de Maintenon, &c. 2 vol. 12.

——— du Duc de Sully. 12 vol. 12.

——— de Villeroi. 7 vol. 12.

——— de Brantome. 10 vol. 12.

——— de la Comtesse d'Horneville, ou Reflexions sur l'inconstance des choses humaines. 2 vol. 8. 1740.

Les Mille & une Faveurs, par le Chevalier de Mouhy, contenant sous des fictions diverses Intrigues &c. 8 vol. 12.

Mechanique & Statique de Varignon. 2 vol. 4. figur. Paris.

Manière d'Enseigner & d'Etudier les Belles Lettres, par Rollin. 12.

Mythologie ou Histoire Fabuleuse des Dieux & demi-Dieux du Paganisme. 2 vol. 12. Paris.

Metamorphoses d'Ovide, trad. par l'Abbé Banier, avec des Remarques, &c. 3 vol. 12. fig.

Mariane de Marivaux. 8. compl.

N.

Negociant Parfait, par Savary. 2 vol. 4. Paris.

Naudé Apologie, pour les grands Hommes accusés de Magis. avec des Remarques. 8.

O.

Oeuvres de Rabelais, 3 vol. 4. N. Edit. augmentée de beaucoup de nouvelles Remarques

ques, de celles du Rabelais Anglois, de plu-
fieurs Piéces nouvelles & curieuses &c. avec des
figures, un Titre & des Vignettes de B. Picart.
1740.
———— le même en grand Papier.
Oeuvres de Racine, avec des Remarques, &c.
2 vol. 12. 1736.
———— diverses de Lock, 2 vol. 12.
———— de Mathématique du P. Pardies. 3 tom.
12. fig.
———— de Théatre de Regnard, N. Edition
augmentée de ses Lettres, de ses Voyages en
divers Etats du Nord, &c. 6 vol. 12. Paris.
———— de l'Abbé de Saint Réal. 5 vol. 12.
———— de Théatre de Boursault. 2 vol. Paris.
———— de Platon, trad. du Grec par Dacier,
2 vol. 12. Ibid.
———— de Physique & de Méchanique par
Perraut. 2 vol. 4. fig.
———— de Roulleau. 4 vol. 12.
———— & Opuscules Spirituelles de Madame
Guion. 12.
———— de Corneille (Pierre & Thomas) Nouv.
Edition, augmentée des Oeuvres diverses de
Pierre Corneille. XI Vol. 12.

<h2 style="text-align:center">P.</h2>

PHysique occulte, ou Traité des Effets de la
Baguette divinatoire, &c. par Vallemont,
12. fig.
———— de Rohault. 2 vol. 8. fig.
Poësies (Recueil de) concernant la Constitution.
2 vol. 8.
———— d'Anacréon & de Sapho, trad. en François, par Mad. Dacier, 8.

Pau-

Pauſanias Deſcription de la Grèce, trad. du Grec
par l'Abbé Gedoin, 2 vol. 4. Paris

————— le même. 4 vol. 12. Edit. d'Holl. 1733.
*Poetriarum octo Græcarum Fragmenta, G. L. cum Notis
Wolfii.* 4.

Palingenii Zodiacus Vitæ Humanæ. 8.

REcueil de Voyages qui ont ſervi à l'établiſſe-
ment de la Compagnie des Hollandois aux
Indes Orientales, &c. Edit. de 1726. augmentée d'un Volume contenant les Arrêts & autres
Piéces concernant les établiſſemens, le Commerce, &c. de cette Compagnie. 12 tomes 12. avec
figures.

————— de Voyages en l'Amerique Méridionale,
avec les Plans, &c. des Places fortes des Eſpagnols, depuis S. Domingue juſqu'au Chili &c.
3 vol. 12. fig. 1738.

————— de Voyages au Nord, contenant des Voyages & des Mémoires très-utiles au Commerce,
& à la Navigation. 18 vol. 12. fig.

————— Réflexions Morales, Satyrique & Comiques ſur les
Mœurs de notre Siécle. 8. 1734.

————— Critiques ſur la Poëſie, & ſur la Pein-
ture, par l'Abbé du Bos. 3 vol. 12.

————— Critiques & Hiſtoriques ſur tous les
Theatres de l'Europe. 8. 1740.

————— ſur la Poëſie & Lettres ſur la Decadence du goût, &c. par Remond de Saint-Mard.
8.

Rélation de la Tartarie Aſiatique, dreſſée ſur les
Mémoires des Suédois priſonniers en Siberie,
avec une Carte faite par ordre du Czar, &c.

Rela-

Relation Nouvelle de la Guinée & du Commerce des Esclaves, &c. trad. de l'Anglois de Snelgrave. 12. fig.

—————— des dernieres assemblées tenues au Parnasse sur l'état des belles Lettres, &c. 8. 1740.

Roman de la Rose avec un glossaire & des notes. 3 vol. 12. 1735.

Recueil de Piéces Intéressantes concernant la Religion & l'Etat par le Comte Passerano. 8.

S.

SErmons de Tillotson, 7 vol. 8.

S —————— de Werenfels, 8.

—————— du P. Bourdaloüe. 15 vol. 12.

Sanctorii & Keill Statica Medicina, 2 vol. 12. Paris.

Satyres & autres Oeuvres de Regnier, avec des Remarques, &c. Edition ornée de Vignettes, Quadres rouges, &c. 4.

Salluste traduit en François avec des Remarques, par l'Abbé Thyvou. 12. Paris.

Sethos par l'Abbé Terrasson, 2 vol. 12.

Suplement au Conte du Tonneau ou Piéces diverses du Docteur Swift, trad. de l'Anglois. 12.

Le Sotisier Nouveau ou les Folies du Siecle, &c. representées en Vers, en Prose, en Chansons, en Badinage, &c. 8.

Seneca Sententia & Syri Mimi, cum Notis Gruteri & Variorum. 8.

Superstitiones Anciennes & Modernes, &c. fol. fig.

—————— & du même le Volume second séparé.

T.

T.

TRaité du Ministere des Pasteurs, ou les devoirs reciproques du Peuple & de ses Pasteurs, par Ostervald, 8.

—— sur la Rhetorique & la Poëtique, par M. de Fenelon de Cambray, & Reflexions sur la Poësie Françoise, par le Pere Du Cerceau, 2 vol. 12.

—— de l'Usage & de l'Utilité des Romans, avec une Bibliotheque Historique & Critique des Romans, 2 vol. 12.

—— de la Paix de l'Ame, par Du Moulin. 8.

—— des Sections Comiques, par le Marquis de l'Hôpital, 4. Paris.

—— du Commerce, par Ricard, 4. Ed. de 1733.

—— des Prejugés Faux & Legitimes, par Basnage, 3 vol. 8.

Theatre des Grecs, par le P. Brumoy, 3 vol. 4. Paris.

—— le même en 5 vol. 12. Edit. d'Holl.

Témoins de la Resurrection de J. C. ou la Resurrection examinée selon l'Usage du Barrau, trad. de l'Anglois, 8.

Tusculanes de Ciceron, trad. en François & avec les Remarques de l'Abbé d'Olivet, 3 vol. 12.

V.

VAnieres Prædium Rusticum & Opuscula Poëtica, 2 vol. fig. 1.

Vies des grands Capitaines Grecs & Romains, trad. du Latin de Cornelius Nepos.

—— de Mahomet, par Gagnier, 2 vol. 12.

Vie de Spinofa, 8.
―――― de Mignard, Peintre du Roi. 12.
―――― du Pape Alexandre VI. & de fon Neveu
Céfar Borgia, 2 vol. 12.
Utopis de Thomas Morus, 12. fig.
Voyages autour du Monde, par Gentil. 3 vol. 12.
―――― de Cyrus, par M. de Ramfey, 12.
―――― d'Olearius en Perfe, Mofcovie. Indes,
&c. 2 vol. fol. fig.
―――― le même grand Papier.
―――― du Chevalier de Marchais en Guinée,
Caiene, &c. 4 vol. 12. fig.
―――― du P. Labat en Italie, Efpagne, &c. 8 tom.
12.
―――― de Benjamin de Tudele, trad. de l'Hé-
breu, avec des Remarques & des Differtations,
&c. 2 vol. 8.

On trouve chez la même toutes fortes de
Livres Nouveaux.

— Vie de Sylvie, 8.
— Mignard, Peintre du Roi, 10.
— ...ge Assuerus, VI. & de son Neveu
Cassandre, 5 vol. 12.
Thomas Morus, 12. fig.
Voyage autour du Monde, par Genel, 4 vol. 12.
— Cyrus, par M. de Ramsay, 12.
— Histoires en Prose, Mémoires, Indes,
3x. vol. fol. fig.
— en même grand Papier.
— Le Chevalier d'Oléandre en Orlando
Odin. Fig. 4 vol. 12. fig.
— GaP. Papier en taille Epreuve, &c. &om.
— Le Parfait... du Théâtre, 3... VIlie
...inventions, & des Dénominations,
2 vol. 8.

SUPLEMENT

AU

CATALOGUE.

CHaron les trois Livres de la Sageſſe, Ouvrage
dans le goût des *Eſſais de Montagne*, & qui
peut en quelque maniére leur ſervir de Suplé-
ment. 2 Vol. 12. 1741.

Epiſtolæ obſcurorum Virorum ab Hutteno conſcriptæ,
avec le Commentaire de Maitre Jaques Parſavant
ſur ſon né &c. 12. 1741.

Apotheoſe d'Homére par Scot. 4. fig.

Mille & une Obſervations ſur toute ſorte de Sujets
ſérieux, ou badins, burleſques &c. 12. 1741.

Mémoires de la Cour de Portugal par le Chevalier
d'Oliveyra. 2 Vol. 8. 1741.

Les Statues, figures, groupes &c. de Verſailles
Marli &c. 4. fig.

Deſcription des plantes, fruits, arbres &c. de Cey-
lan & des environs le tout repréſenté au naturel
& deſſiné ſur les lieux. Grand in quarto plein de
belles figures. 1740.

*Valeſii (Adriani) Obſervationes Criticæ & Philologi-
cæ.* 4.

Junius de Pictura Veterum. fol. fig.

Voiages divers au Mexique, au Perou, au Bréſil
&c. avec les plans des principales Fortereſſes,
Villes, Colonies &c. des Eſpagnols. 3 Vol. fig.
1741.